Unsere Körper
Sehen, Hören, Riechen

Eine Geschichte von Christian Tielmann
mit Bildern von Catharina Westphal

CARLSEN

Olivia und Ben sind allerbeste Freunde.
Heute machen sie einen Ausflug.
Olivias Papa Mario und Bens Mama Mailin kommen mit.
„Sicher ist sicher“, sagt Ben. „Falls wir etwas sehen und eine Frage haben.“
„Oder falls wir etwas hören oder fühlen“, sagt Olivia.
„Könnte auch sein, dass wir etwas riechen oder schmecken“, sagt Ben.
„Ihr kennt ja alle fünf Sinne!“ Mario staunt.
„Und zu jedem Sinn habt ihr bestimmt jede Menge Fragen“, sagt Mailin.

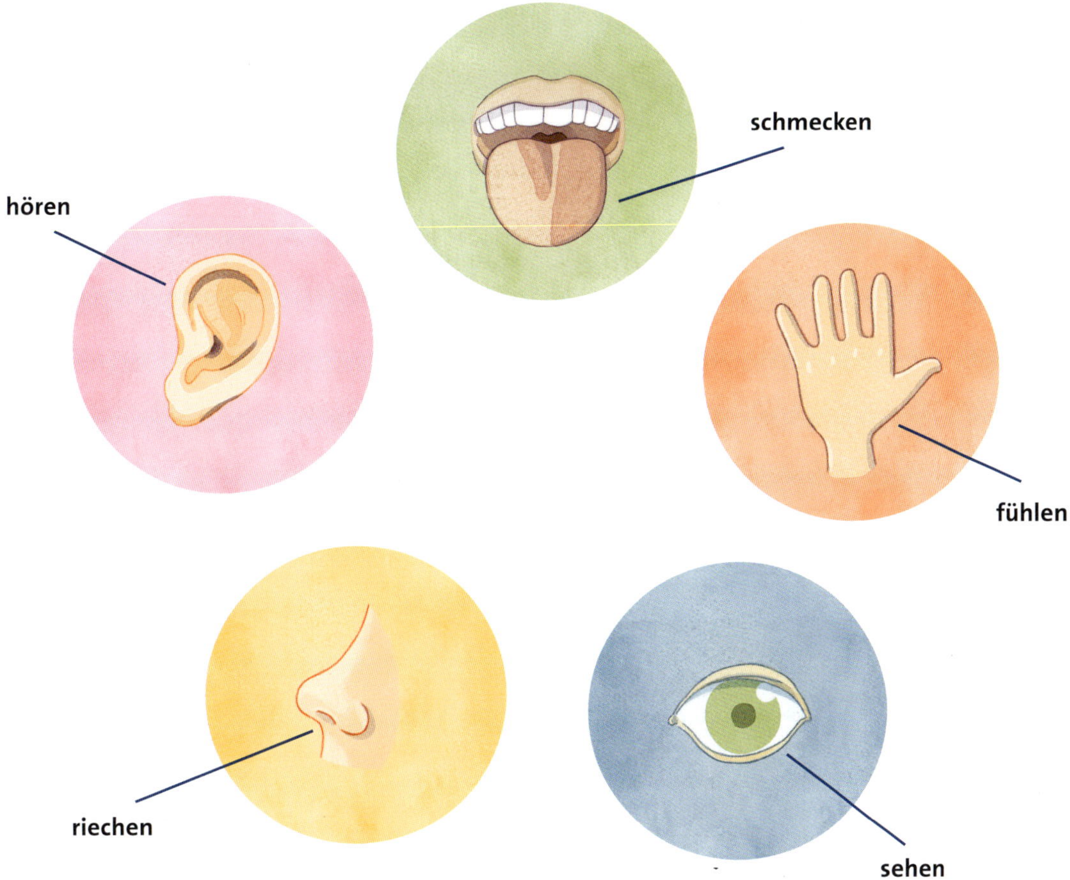

Mit unseren Sinnesorganen können wir wahrnehmen, was in der Welt um uns passiert. Mit den Augen können wir sehen, mit den Ohren können wir hören, mit der Haut können wir fühlen, mit der Nase riechen und mit der Zunge schmecken.

Bei der Endhaltestelle beginnt der Wanderweg.
„Ihr müsst die Augen offen halten“, sagt Bens Mama Mailin. „Wenn ihr dieses rot-weiße Wanderzeichen seht, sind wir auf dem richtigen Weg.“
„Wie funktioniert eigentlich das Sehen?“, fragt Olivia.
„Mit den Augen“, antwortet Mario.
„Ja, klar. Aber wie genau?“, fragt Ben. „Wir haben ja nicht das Wanderzeichen im Auge, wenn wir es sehen. Oder?“
„Siehste, es geht schon los mit den Fragen.“
Mailin lacht. Zum Glück ist sie von Beruf Ärztin. Mit solchen Fragen kennt sie sich also super aus.

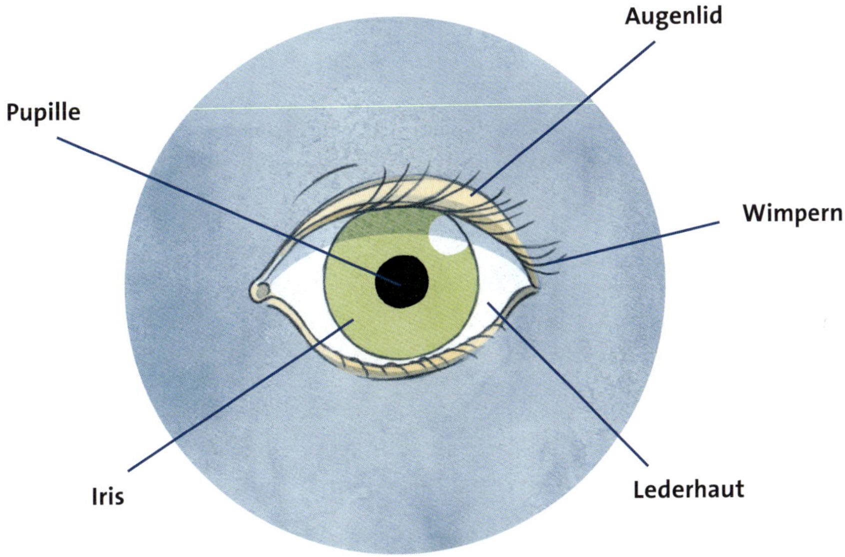

Der weiße Teil im Auge ist die Lederhaut. Der bunte Teil, der bei jedem Menschen andere Farben und Muster hat, heißt „Iris“ oder „Regenbogenhaut“. Der schwarze Kreis in der Mitte der Iris ist die Pupille.

Das Auge ist sehr empfindlich. Die Augenlider und Wimpern schützen es vor äußeren Einwirkungen und verteilen den Tränenfilm, der das Auge feucht hält.

„Damit wir überhaupt etwas sehen können, brauchen wir Licht", erklärt Mailin. „Die Lichtstrahlen prallen gegen alle möglichen, sichtbaren Gegenstände und werden von diesen zurückgeworfen. Alles, was keine Lichtstrahlen zurückwirft, ist für uns unsichtbar."

„Also zum Beispiel Luft!", sagt Olivia.

„Oder Geräusche, die kann man auch nicht sehen", sagt Ben.

„Stimmt genau", sagt Mailin.

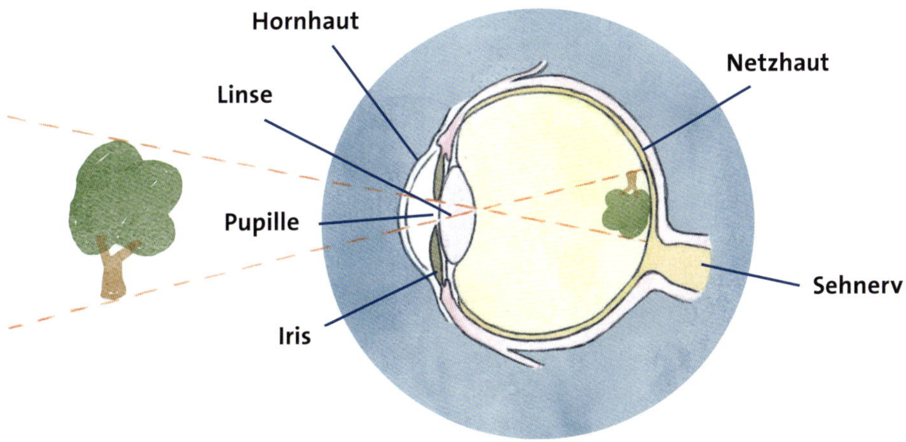

Die Lichtstrahlen, die zum Beispiel ein Baum zurückwirft, fallen durch die Pupille in das Auge. Die Linse hinter der Pupille stellt das Bild scharf, sodass es auf der Netzhaut landet, ganz hinten im Auge. Der Sehnerv meldet dann dem Gehirn, was für ein Bild auf der Netzhaut ist.
Bei Bens Augen stimmt der Abstand zwischen der Linse und der Netzhaut nicht genau. Darum sieht er alles etwas verschwommen. Um das auszugleichen, trägt er eine Brille. Mit ihr kann Ben alles genauso scharf sehen wie Olivia.

Ben und Olivia brauchen eine kleine Wanderpause.
„Wenn wir die Augen schließen, können wir zwar nichts mehr sehen“, sagt Bens Mutter, „aber wir können besonders gut hören.“
Ben probiert es aus. Er schließt die Augen und hört den Bach plätschern.
Olivia hört einen Traktor übers Feld tuckern. Ben hört eine Biene summen.
Und beide hören den Wind in den Blättern der Bäume rauschen.

„Wie funktioniert eigentlich das Hören?“, fragt Ben.
„Mit den Ohren natürlich“, sagt Mario.
„Ja, klar. Aber wie genau?“, fragt Olivia. „Wie kommt so ein Geräusch ins Ohr? Und was passiert da drin?“
Bens Mutter kann das erklären. „Den wichtigsten Teil des Ohres könnt ihr nicht sehen. Von außen seht ihr nur das Außenohr.“

Die Ohrmuschel fängt Geräusche ein wie ein Trichter oder ein Geräusche-Fangnetz. Sie ist so geformt, dass die Geräusche in den Gehörgang geleitet werden. Das eigentliche Hören beginnt aber erst am Ende des Gehörgangs im Kopf.

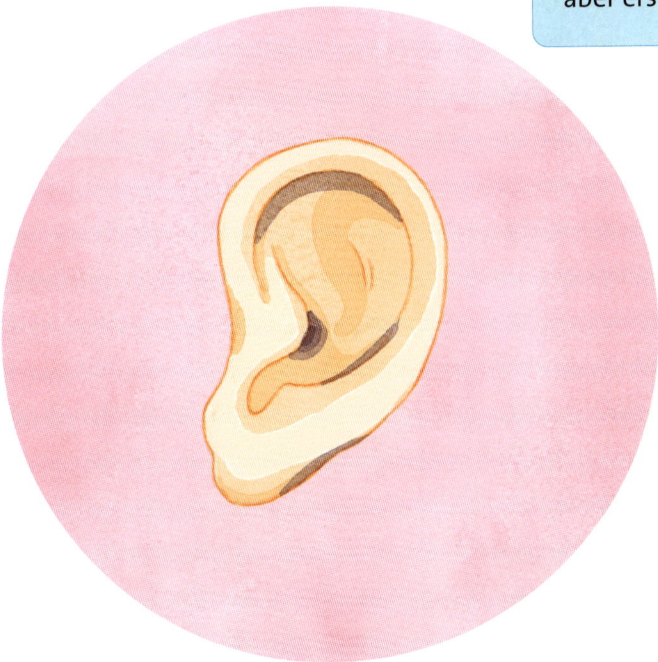

Mailin klatscht in die Hände.
„Wenn ich zum Beispiel klatsche, entsteht ein kleiner Knall“, sagt sie. „Wenn eure Ohrmuscheln nah genug sind, können sie diesen Knall auffangen und in den Gehörgang leiten. Am Ende des Gehörgangs prallt das Geräusch auf das Trommelfell.“
„Wie bei einer echten Trommel?“, fragt Olivia.
„Ja, so ähnlich. Nur dass keine Schlägel daraufprallen, sondern eben Geräusche“, erklärt Mailin. „Und dann kommen die winzigen Hörknöchelchen und die Hörschnecke zum Einsatz.“
„Was? Wir haben eine Schnecke im Kopf?“, fragt Ben. „Das ist ja eklig!“
„Keine lebendige, echte Schnecke natürlich“, beruhigt ihn Mailin. „Das Hörorgan sieht nur so aus wie eine Schnecke.“

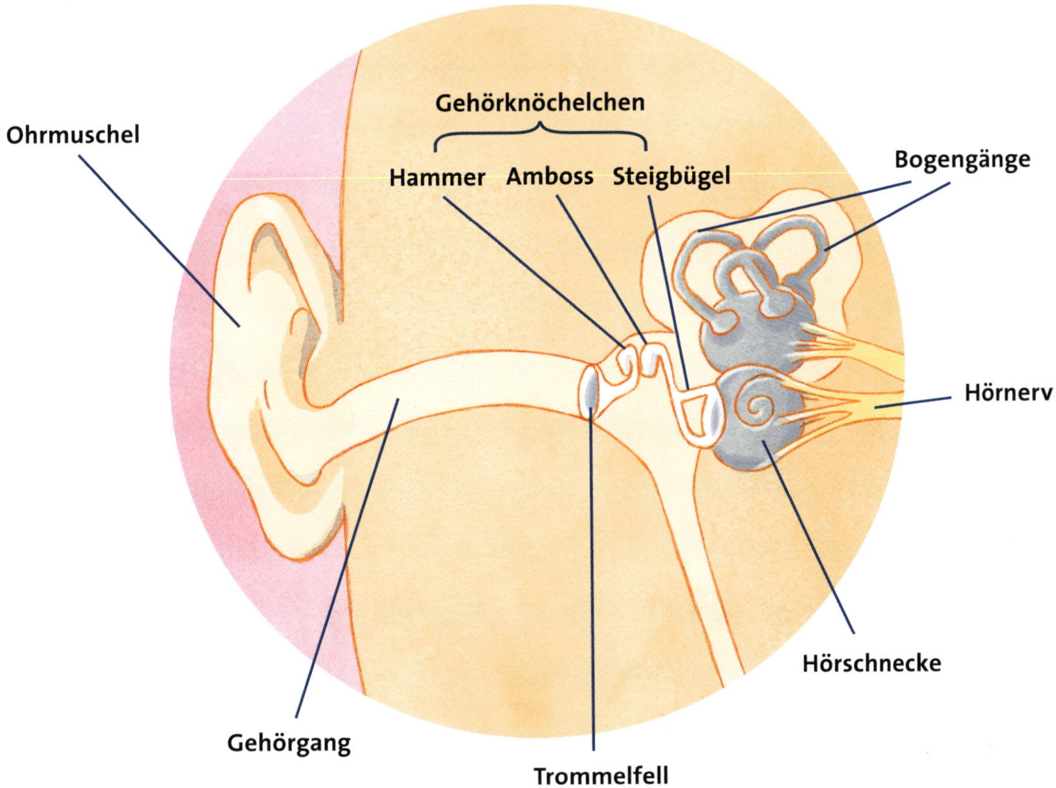

Das Trommelfell und die Gehörknöchelchen (Amboss, Hammer und Steigbügel) verstärken die Geräusche und leiten sie weiter an die Hörschnecke. Die Hörschnecke ist nur so groß wie eine Erbse und das eigentliche Organ, mit dem wir Geräusche hören. Die Hörschnecke meldet über den Hörnerv dem Gehirn, was für ein Geräusch oder Ton da ans Trommelfell klopft.

Die Sonne scheint inzwischen richtig stark. Alle vier setzen sich in den Schatten und cremen noch einmal mit Sonnencreme nach. Schließlich wollen sie keinen Sonnenbrand bekommen. Ben spürt die heiße Sonne auf der Haut. Olivia fühlt den kalten Bach an den Füßen und den trockenen Stein unter ihrem Popo. Ben fühlt die matschige Sonnencreme, die er auf seinen Arm streicht.

„Wie funktioniert eigentlich das Fühlen?“, fragt Ben.

„Natürlich mit der Haut“, sagt Mario.

„Ja, klar. Aber wie genau?“, fragt Olivia.

Bens Mama kann auch das erklären.

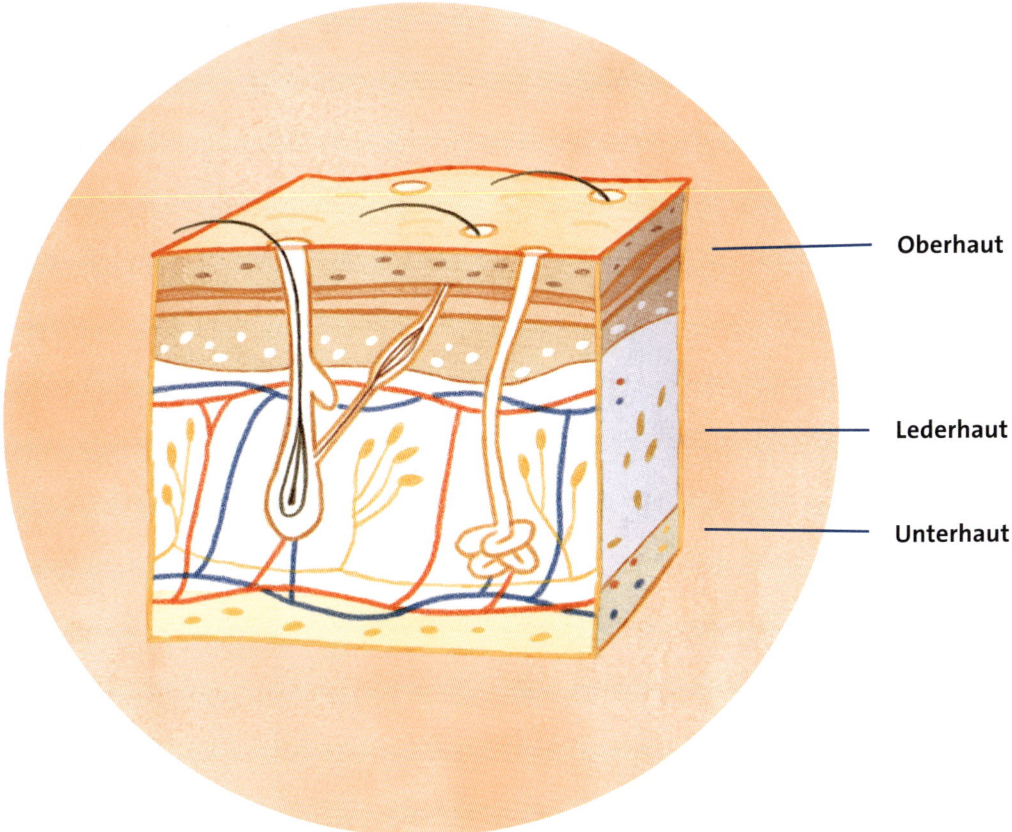

Die Haut ist unser größtes Organ. Sie ist nicht nur die Verpackung unseres Körpers, mit ihr können wir auch fühlen. Die äußerste Schicht, die Oberhaut, schützt den Körper. Die unterste Schicht, die Unterhaut, hält den Körper warm. Für das Fühlen brauchen wir die mittlere Schicht, die Lederhaut. Denn in ihr sind die Sinneszellen, mit denen wir etwas fühlen können.

„Wo sind diese Sinneszellen denn?“, fragt Olivia und betrachtet ihren Arm. Sie kann keine einzige Sinneszelle entdecken. Dafür aber eine Gänsehaut vom kalten Wasser.

„Die Sinneszellen kannst du von außen nicht sehen“, erklärt Mailin. „Die sind erstens zu klein und zweitens in der mittleren Hautschicht.“

Die Sinneszellen melden dem Gehirn ständig, was gerade wo auf der Haut passiert. Wenn wir auf einem harten Stein sitzen, spüren wir den Druck. Wenn uns jemand zwickt, spüren wir Schmerz. Wenn sich eine Fliege auf unseren Nacken setzt, spüren wir die Berührung.
Mit den Sinneszellen können wir fühlen, ob etwas weich oder hart, kratzig oder kuschelig ist. Und wenn uns kalt wird, melden die Sinneszellen dem Gehirn Kälte. Manchmal ziehen sich dann die Muskeln an den Haarwurzeln zusammen. Dadurch richten sich die Haare auf. Das nennen wir „Gänsehaut".

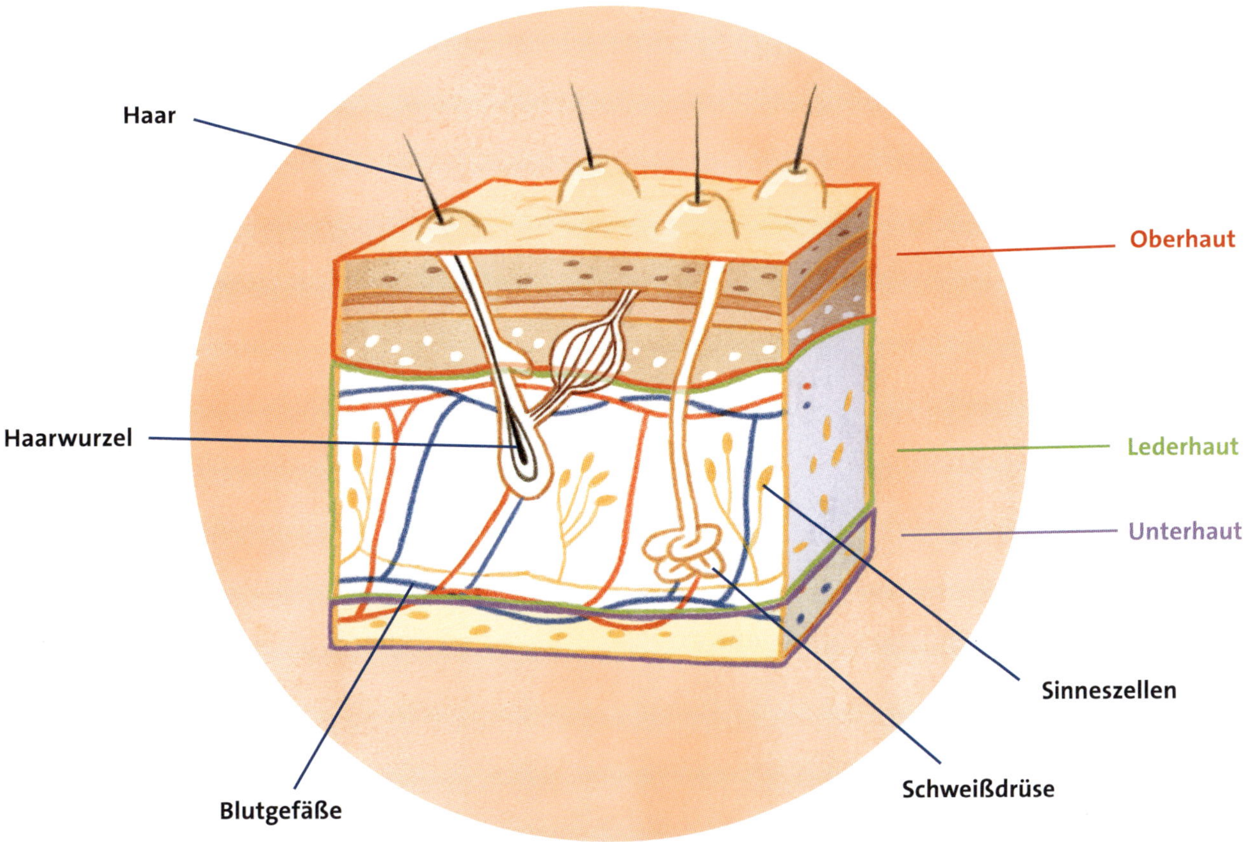

Olivias Papa Mario hat noch
eine kleine Überraschung auf Lager.
„Wir müssen noch ein Stückchen laufen,
aber ich kann es schon fast riechen“,
sagt er geheimnisvoll.
Ben schnuppert. „Hier riecht es aber nicht nach
Überraschung. Hier riecht es nach Blumen.“
Olivia schnuppert auch. „Und nach Waldboden.“
Als sie die Straße überqueren, stinkt es nach den Abgasen der Autos.
Ben und Olivia fragen: „Wie funktioniert eigentlich das Riechen?“
„Natürlich mit der Nase“, sagt Mario.
„Klar“, sagt Olivia. „Aber wie genau? Geht das auch wieder
nur mit Nase und Gehirn?“

„Na klar“, sagt Mailin. „Ohne das Gehirn könnten wir sowieso gar nichts wahrnehmen. Das brauchen wir immer.“ Sie kann es genau erklären.

Zum Riechen brauchen wir die Nase mit den beiden Nasenlöchern. Durch sie strömt Luft in unseren Körper. Alles, was wir riechen können, sind Duftstoffe. Die Duftstoffe schweben in der Luft. Wenn wir durch die Nase einatmen, werden die Duftstoffe mit in die Nase gesogen.

„Und was passiert in der Nase mit den Duftstoffen?“, fragt Ben.
„Also ich finde, das sind manchmal gar keine Duftstoffe, sondern Stinkstoffe“, sagt Olivia und hält sich die Nase zu.
Mailin grinst. „Stimmt genau. Die Nase kann uns warnen. Denn viele Dinge, die stinken, sind für uns giftig. Das Riechorgan, die Riechschleimhaut, ist ganz oben im Inneren der Nase. Da findet die Übertragung auf den Riechnerv statt. Im Gehirn nehmen wir dann die Duft- und Stinkstoffe wahr.“

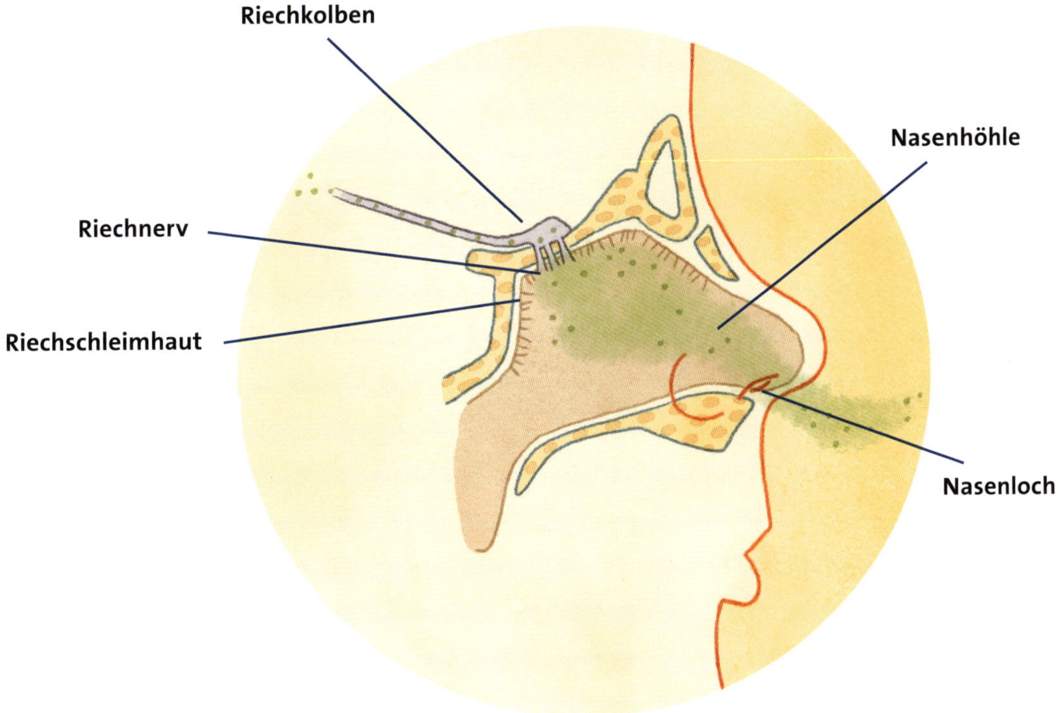

Die eingeatmete Luft strömt an der Riechschleimhaut vorbei. Die Riechschleimhaut hat viele feine Sinneshärchen. Wenn ein Duftstoff zu einem Sinneshärchen passt, meldet das Sinneshärchen das dem Riechnerv. Der Riechnerv ist mit dem Gehirn verbunden, das sofort merkt, ob der Geruch angenehm oder unangenehm, duftend oder stinkend ist.

Endlich sehen sie die Überraschung: einen Bauernhof mit Hofcafé!
Und dort warten Bens Papa Daniel und Olivias anderer Papa Sven.
Die beiden haben sogar schon was bestellt! Bei Bauer Deimers gibt es leckeren Apfelkuchen und die besten Waffeln der Welt.
„Lasst es euch schmecken!“, sagt Sven.
„Aber wie funktioniert eigentlich das Schmecken?“, fragt Olivia.
„Mit der Zunge natürlich“, sagt Sven.
„Mund auf und Essen rein!“, sagt Daniel.

Mario lacht. „So einfach kommt ihr bei Ben und Olivia nicht davon! Die wollen alles ganz genau wissen."
Mailin erklärt: „Mit der Zunge können wir süß, salzig, sauer und bitter unterscheiden."

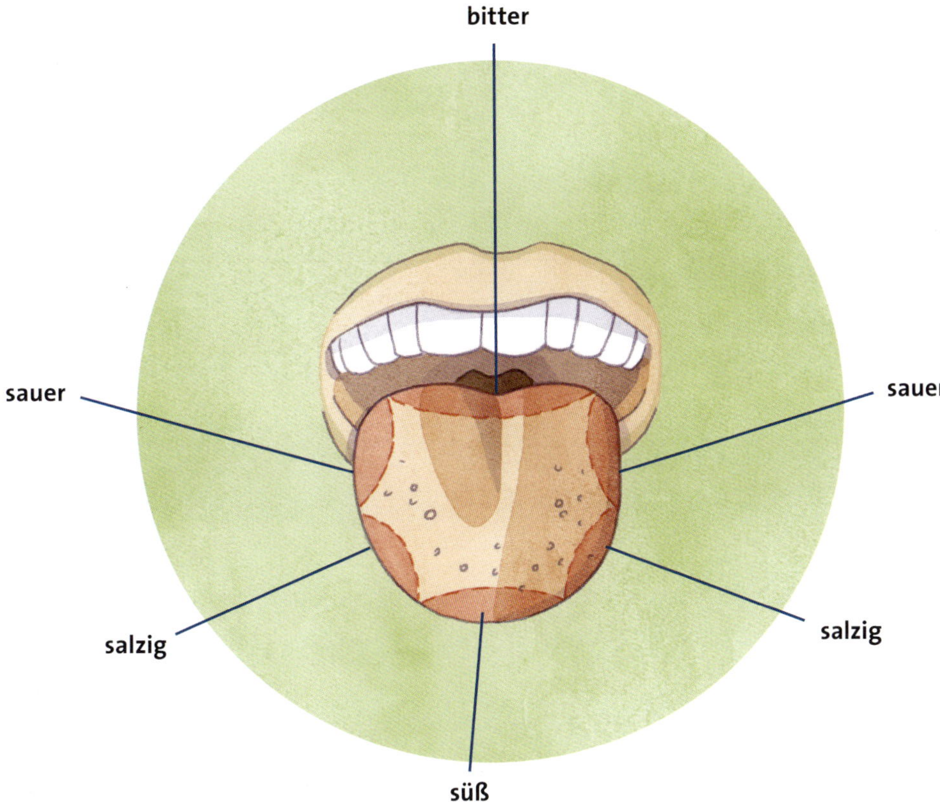

Zahlreiche kleine Geschmacksknospen leiten die verschiedenen Geschmacksrichtungen von der Zunge über den Geschmacksnerv ans Gehirn weiter. Am Rand der Zunge sind mehr Geschmacksknospen als in der Mitte.

„Warum schmeckt man eigentlich nichts, wenn man Schnupfen hat?“, fragt Ben. „Brauchen wir zum Schmecken etwa auch die Nase?“, fragt Olivia.
Daniel klappt der Mund auf. „Mensch, ihr wollt es aber echt genau wissen!“
Mailin kann es erklären. „Schmecken und Riechen hängen zusammen. Mit der Zunge können wir nur vier Geschmacksrichtungen schmecken. Alle anderen Geschmacksrichtungen erkennen wir, weil beim Kauen Duftstoffe aus dem Essen in die Nase aufsteigen. Und darum schmeckt das Essen auch anders, wenn wir Schnupfen haben.“

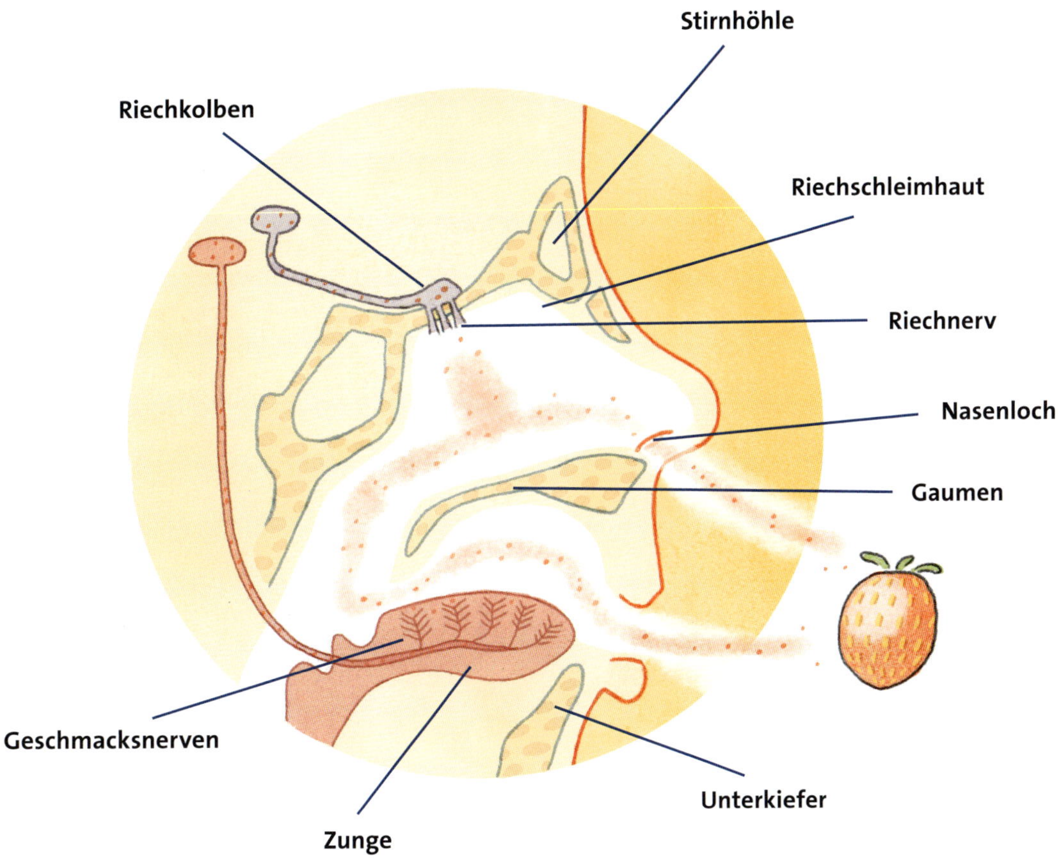

Die meisten Geschmacksrichtungen, wie nussig, schokoladig, käsig oder vanillig, nehmen wir nicht durch die Geschmacksknospen auf der Zunge wahr, sondern mit der Nase.
Beim Kauen, Lutschen oder Trinken steigen die Geschmacksstoffe hinten im Rachen hinauf zur Riechschleimhaut mit ihren vielen feinen Sinneshärchen.

Ben und Olivia sind begeistert. Die Waffeln sind toll. Das Hofcafé ist toll.
„Der ganze Ausflug ist toll!“, sagen Ben und Olivia.
Das können sie sehen und hören und fühlen und riechen und natürlich schmecken.